निकोलास गीय्येन की कविताएँ

निकोलास गीय्येन की कविताएँ

प्रस्तुति एवं अनुवाद

सुरेश सलिल

वाणी प्रकाशन

वाणी प्रकाशन

4695, 21-ए, दरियागंज, नयी दिल्ली 110 002

शाखा

अशोक राजपथ, पटना 800 004

फ़ोन: +91 11 23273167 फ़ैक्स: +91 11 23275710

www.vaniprakashan.in

vaniprakashan@gmail.com

NICOLAS GUILLEN KI KAVITAYEN

Translated by Suresh Salil

ISBN : 978-93-5072-211-4

Collection of Poems

प्रथम संस्करण

मूल्य : ₹ 200

ओम ऑफ़सेट, दिल्ली-110093 में मुद्रित

वाणी प्रकाशन का लोगो मक़बूल फ़िदा हुसेन की कूची से

समर्पण

अग्रज कवि कुँवर नारायण
और
प्रिय अपूर्व नारायण
को
जिनके उदार सहयोग के बिना
यह आयोजन संभव न हो पाता

–सुरेश सलिल

अनुक्रम

निकोलास गीय्येन और उनकी कविता

सामाजिक-राजनीतिक अन्तर्दृष्टि, सांस्कृतिक अस्मिता और विश्व-बोध के लिए बीसवीं सदी के स्पानी-अमरीकी काव्य-परिदृश्य में विशिष्ट पहचान रखने वाले क्यूबाई कवि निकोलास गीय्येन (1902-1989) क्यूबा के राष्ट्र कवि भी थे। काव्य-मूल्यों की शर्त पर लातिन-अमरीकी जीवन के यथार्थ और उस यथार्थ से जुड़ी मुक्ति की आकांक्षाओं, विशेषकर क्यूबा की क्रान्ति के अन्तर्स्वर को उन्होंने जिस रूप में साहित्यिक ऊँचाई दी, उसे उनकी सृजनात्मक शक्ति और उपलब्धि माना जाता है।

निकोलास गीय्येन का जन्म 'रिपब्लिक आफ क्यूबा' की स्थापना (20 मई, 1902) के सात सप्ताह उपरान्त 10 जुलाई, 1902 को कामागुए में हुआ। उनके पिता की क्यूबा की राजनीति में सीधी हिस्सेदारी थी। वे रिपब्लिक के सीनेटर रह चुके थे और एक स्थानीय अखबार का संपादन-प्रकाशन करते थे, एक छोटा-सा प्रिंटिंग प्रेस भी था। 1916 के चुनावों में अमरीका-समर्थित कंजर्वेटिव रिपब्लिकन पार्टी के राष्ट्रपति पद के उम्मीदवार मारियो गार्सिया-मेनोकल, चुनाव हारने के बावजूद, अमरीकी शह पर जिस तरह राष्ट्रपति पद पर क़ाबिज़ रहे, उसके विरोध-स्वरूप, नेशनल लिबरल पार्टी की अगुआई में जो आंदोलन उभरा उसमें अग्रणी भूमिका निकोलास गीय्येन के पिता की थी। उन्हीं तूफ़ानी गतिविधियों के मध्य, 1917 में, भाड़े के सैनिकों द्वारा उनकी हत्या कर दी गई। उस समय निकोलास की उम्र 14 वर्ष थी और वे हायर सेकंडरी में पढ़ रहे थे। पिता के असामयिक निधन से जो पारिवारिक ज़िम्मेदारियाँ निकोलास के कच्चे कंधों पर आईं, उनमें पिता द्वारा संस्थापित प्रेस की समुचित देखरेख भी थी। इन परिस्थितियों में उन्हें अपनी हायर सेकंडरी की पढ़ाई सांध्यकालीन कक्षाओं में पूरी करनी पड़ी। निकोलास ने उच्च शिक्षा, विधि और न्याय की, हवाना विश्वविद्यालय से प्राप्त की। किन्तु उनका क्यूबा जिस प्रकार के घोर मनुष्यद्रोही और अमरीकी कठपुतली कंजर्वेटिवों की गिरफ़्त में था, उसे देखते हुए उन्हें वकालत के पेशे में उतरने का कोई उत्साह नहीं था।

शिक्षा समाप्त कर निकोलास गीय्येन पत्रकारिता के रास्ते लेखन के क्षेत्र में सक्रिय हुए। पहले स्पानी, फिर अमरीकी, इस तरह सदियों से उपनिवेशवाद के जुए के नीचे दबे क्यूबाई जन-जीवन की सामाजिक-राजनीतिक-आर्थिक

त्रासदी—विशेषकर अश्वेतों को जीवन-यापन के मूलभूत नागरिक अधिकारों से वंचित रखना—निकोलास जीवन की प्रभात वेला से देखते आ रहे थे। लेखन के क्षेत्र में इन्हीं प्रश्नों-प्रसंगों के साथ वे उतरे और प्रारम्भ में गद्य में हाथ आजमाने के बाद, 1930 में उनका पहला कविता संग्रह 'मोतिवोस दे सोन' प्रकाशित हुआ। कवि के रूप में उनकी पहली उपलब्धि लोक संगीत और सांस्कृतिक रंगतों के योग से अश्वेत क्षेत्र को राष्ट्रीय पहचान की मुख्यधारा में लाना और राष्ट्रीय मुक्ति आंदोलन में अश्वेतों की निर्णायक भूमिका को रेखांकित करना था। पाब्लो नेरूदा की भाँति निकोलास गीय्येन ने भी औपनिवेशिक शोषण के बरक्स राष्ट्रीय मुक्ति के साथ-साथ विचारधारा और अंतर्राष्ट्रीय सहभागिता को केन्द्र में रखा। संगीत पक्ष और राग-विराग की दृष्टि से उनकी कविता लोर्का के अधिक निकट पड़ती है। लोर्का ने अरब-अंदलूसियाई लोक संगीत के सान्निध्य में अपनी कविता का स्थापत्य विकसित किया, तो निकोलास ने अश्वेत-अमरीकी लोक संगीत के सम्पर्क में अपनी कविता को विशिष्ट पहचान दी। उनकी कविताओं में पंक्तियों की कई-कई आवृत्तियाँ इसी अभिज्ञा की अभिव्यक्ति हैं। राष्ट्रीय मुक्ति की क्रान्तिकारी चेतना के साथ-साथ, लोक-रंगतें और सघन इंद्रियबोध उनके काव्य यथार्थ के अभिन्न घटक हैं। प्रेम और मृत्यु ने भी, लोर्का की भाँति, निकोलास गीय्येन की कविता में काफ़ी जगह घेरी है।

इस सबके बावजूद; अपने मानवीय और सृजनात्मक सरोकारों में गीय्येन अस्तित्वगत दार्शनिक प्रश्नों की अपेक्षा मानव जीवन के भौतिक पक्ष से अधिक सीधे रूप में जुड़े दिखाई देते हैं। उन्हें मनुष्य द्वारा मनुष्य के नैसर्गिक जीवन-अधिकारों का हनन, सत्ता संस्थानों की निरंकुशता और स्वाधीनता-समानता-भ्रातृत्व के जीवन संदेश को दबाने वाली दानवी शक्तियों के विरुद्ध आवाज़ उठाना और सुर साधना अधिक सार्थक कर्म और दायित्व प्रतीत हुआ। इस मामले में क्यूबा और लातीनी अमरीका का सामाजिक-आर्थिक-राजनीतिक यथार्थ ही नहीं, सकल विश्व ने उन्हें आकृष्ट किया और उसके प्रति उन्होंने अपना कवि-दायित्व अनुभव किया। चीन के सुन-यात-सेन, रूस के लेनिन, अमरीका के मार्टिन लुथर किंग व एंजेला डेविस इन्हीं अर्थों में उन्हें होसे मार्ती, चे गुएवारा व फीदेल कास्त्रो के साथ अपने प्रेरणा स्रोत और 'हीरो' नज़र आते हैं। इन्हीं अर्थों में क्यूबा का स्वातंत्र्य संघर्ष उन्हें स्पेन के रिपब्लिकंस के फ्रांको-फासिज़्म-विरोधी संघर्ष का सहवर्ती प्रतीत हुआ। यह जानना दिलचस्प होगा, कि दुनिया-भर के लेखकों-बुद्धिजीवियों-कवियों, कलाकारों की अंतर्राष्ट्रीय ब्रिगेड जब रिपब्लिकंस के पक्ष में स्पेन में उतरी, गीय्येन ने उससे

कोई एक-डेढ़ वर्ष पूर्व स्पेन के उस विश्वव्यापी संकट का पूर्वानुमान कर लिया था। 1937 में प्रकाशित उनकी काव्यकृति 'स्पेन : पोयम इन फोर एंग्विशेज़ एंड वन होप' के केन्द्र में स्पेन का गृहयुद्ध है और स्पेन व क्यूबा की राजनीतिक परिस्थितियों के अंतर्संबन्धों की गहरी सृजनात्मक अभिज्ञा।

क्यूबा ने अपनी मुक्ति की निर्णायक रणभेरी 26 जुलाई, 1953 को फीदेल कास्त्रो के नेतृत्व में संगठित युवा क्रान्तिकारियों के एक समूह की कार्रवाईयों से गुँजाई। गीय्येन उससे पूर्व, 1952 में, अपनी 'आपत्तिजनक' राजनीतिक गतिविधियों के लिए दो बार गिरफ़्तार किये जा चुके थे, और जब फीदेल की टोली ने सांतियागो में 'मोन्कादा गैरिसन' पर आक्रमण करके बातिस्ता तानाशाही को तगड़ी चुनौती दी, उस समय गीय्येन लीतीन अमरीकी देशों की एक व्याख्यान यात्रा पर निकले हुए थे और ब्राज़ील में थे। फलतः वे स्वदेश नहीं लौट पाये और 1959 में, क्रान्ति की विजय घोषणा तक, उन्हें फ्रांस, अर्हेंतिना में निर्वासित जीवन बिताना पड़ा। इस निर्वासन की त्रासदी और क्रान्ति-अभियान से जुड़ी उम्मीदों की बहुत आत्मीय अभिव्यक्ति दिसम्बर 1958 में अर्हेंतिना से प्रकाशित उनकी काव्यकृति 'दि डॅव आफ़ पॉपुलर फ़्लाइट' में हुई है। गीय्येन की इस काव्यकृति को प्रकाशित हुए एक महीना भी पूरा नहीं हुआ, कि ऐन सिर पर आ सवार हुई फीदेल-चे के नेतृत्व वाली विद्रोही सेना का सामना न कर पाने के ख़ौफ़ से, तानाशाह बातिस्ता अपने सारे तामझाम के साथ 1 जनवरी 1959 को भाग खड़ा हुआ। इस तरह रूस और चीन के बाद, बीसवीं सदी की तीसरी महान जनक्रान्ति सफल हुई।

इधर क्यूबा की मुक्तिकामी जनता अपनी चिरप्रतीक्षित महान क्रान्ति के स्वागत में विजय गान गा रही थी, उधर कोई साढ़े पाँच सालों तक, अपने देश-समाज से दूर, निर्वासन में भटकता रहा क्यूबाई क्रान्ति का अथक पंडुक गायक जल्दी से जल्दी स्वदेश लौट कर क्रान्ति का अभिनन्दन करने को व्यग्र था। अंततः 23 जनवरी 1959 को गीय्येन की क्यूबा वापसी हुई और जो सपना कई दशकों तक उनकी साँस-दर-साँस का सहयात्री रहा, उसे साकार देख कर उनकी काव्य-कल्पना सारे तट-पुलिनों को धो-बहा कर उमड़ पड़ी। 1964 में प्रकाशित गीय्येन का कविता संग्रह 'आई हैव' इसी भाव-प्रसंग से उद्भावित है। यहाँ वह प्रसंग अलिखित नहीं छूटना चाहिए जब, निर्वासनोपरांत-स्वदेशवापसी के बाद, गीय्येन के पहले सार्वजनिक काव्यपाठ का आयोजन चे गुएवारा ने अपनी पहल पर किया। हवाना में 'ला कबाआँ फोर्ट्रेस' में विजयी क्रान्तिकारी सेना के सैनिकों के सम्मुख गीय्येन के उस काव्यपाठ की अध्यक्षता भी चे ने की थी। बाद में उन्हें

क्यूबा का राष्ट्र कवि घोषित करने के साथ-साथ, देश के सर्वोच्च सम्मान 'होसे मार्ती नेशनल आर्डर' से भी विभूषित किया गया। पूर्व-सोवियत संघ का अंतर्राष्ट्रीय पुरस्कार 'लेनिन पीस प्राइज़' भी उन्हें प्रदान किया गया।

निकोलास गीय्येन का निधन 16 जुलाई, 1989 को हुआ।

कृतित्व के रूप में बीस काव्यकृतियाँ गीय्येन अपने पीछे छोड़ गये हैं। तीस से ऊपर भाषाओं में उनकी कविताओं के अनुवाद हो चुके हैं। गीय्येन की कविताओं का एक वृहत् द्विभाषी संचयन, कीथ एलिस के संपादन में, 'एडिटोरियेल होसे मार्ती, क्यूबा' से 2003 में प्रकाशित हुआ। हिन्दी अनुवाद में गीय्येन की कविताओं का यह संक्षिप्त संचयन उसी की सहायता से तैयार किया गया है। इससे पूर्व उनकी कविताओं का एक संचयन कवि-अनुवादक गिरधर राठी के अनुवाद में, साहित्य अकादमी, दिल्ली, से आ चुका है।

सुरेश सलिल

'दिल, दिमाग़ एवं अन्य कविताएँ' (1920-29) से

हवाई जहाज़

जब यह युग समाप्त हो चुकेगा
और हमारे समस्त मानवकृत अभिलेख
शताब्दियों की ज्वाला में राख हो चुकेंगे,
जब हमारी मौजूदा प्रगति की कुंजी खो चुकेगी सदा के लिए
और मानवजाति को अज्ञान की तितिक्षा के साथ
फिर से शुरू करना होगा सब कुछ
प्रकट होंगे तब
हमारी मृत सभ्यता के रूपाकार।
तब किसी खुदाई में निकले
अथवा किसी पहाड़ की चोटी पर मिले
किसी हवाई जहाज़ के पुराने ज़ंग खाये
भारी-भरकम और अजीबोगरीब ढाँचे को देखकर
क्या कहेंगे भला भविष्य के प्रकृति विज्ञानी?
निश्चय ही वे एक बहुत बड़ा बतंगड़ खड़ा करेंगे
और हवाई जहाज़ को
किसी प्राणिसमूह के नमूनों के बीच दर्ज कर देंगे।

(1927)

'सांगोरो कोसोंगो' (1931) से

पहुँच

हाँ, हम यहाँ हैं!
जंगल से अब भी ओदा शब्द हम तक आता है
और एक तेजस्वी सूर्य हमारी धमनियों में उदित होता है
हमारे हाथ कड़ियल हैं और मजबूती से थामते हैं डाँड़

हमारी आँखों की गहराई में सोते हैं बेतहाशा ताड़वृक्ष
हमारी चीखें, जैसे खानों से अभी-अभी निकाले गये सोने की बूँदें
हमारे पैर सख़्त और चौड़े
रौंदते हैं वीरान-बियाबान
और हमारी आगे बढ़ती क़तारों के लिए बेहद सँकरे रास्तों की धूल।
हमें मालूम है नदियों का उद्गम
और वे हमें प्रीतिकर हैं, क्योंकि ललछौं आसमानों के नीचे
आगे बढ़ाया उन्होंने हमारी डोंगियों को।
हमारा गान
जैसे आत्मा की त्वचा के नीचे की मांसपेशी
हमारा सच्चा गान।

भोर वेला में हमीं उठाते हैं भाप
जलाते हैं आग रात के लिए,
और छुरियाँ, चाँद के कड़ियल टुकड़ों जैसी,
तैयार बर्बर चमड़ियों के लिए,
हमीं लाते हैं कीचड़ में घड़ियाल
और हमारी चिन्ताओं को तितर-बितर करने वाले तीरकमान
और अयनमंडली कमरबंद
और एक निर्दोष आत्मा।

हमारे नाकनक्श
पक्की तरह अमरीकी काट के होते हैं।

अरे, ओ साथियो, हम यहाँ हैं!
बनैली मधुमक्खियों के छत्तों जैसे सुनिर्मित प्रासादों से युक्त
यह शहर हमारी राह देखता है,
इसकी गलियाँ सूखी और दरकी हुई हैं
जैसे पहाड़ों में बारिश न होने पर नदियाँ
और इसके भवन झरोखों की कातर आँखों हमें निहारते हैं।
यहाँ के पुरातन जन हमें दूध और शहद प्रदान करेंगे
अभिषेक करेंगे हरी पत्तियों से।

अरे, ओ साथियो, हम यहाँ हैं!
धूप में तपती हमारी पसीना-चुहचुहाई चमड़ी
झलकायेगी पराजितों के गीले चेहरे
और रात में, जब सितारे हमारी लपटों की फुनगियों पर जलेंगे
हमारी हँसी हहरायेगी नदियों पर—परिंदों पर।

(1931)

प्रेमगीत

तुम्हारी कोख तुम्हारे दिमाग़ से ज़्यादा जानती है
और उतना ही जितना तुम्हारी जंघाएँ।
वहीं है तुम्हारी निर्वस्त्र देह का
अड़ियल साँवला सम्मोहन।

तुम्हारे लाल कंठहारों
सोने के तुम्हारे जड़ाऊ कंगनों से शोभित वन
तुम्हारा प्रतीक है
और तुम्हारी आँखों की महानदी* में तिरता
वह उदास घड़ियाल।

(1934)

* यहाँ संदर्भ अफ़्रीका की सबसे लम्बी नदियों में से एक ज़म्बेज़ी नदी से है।

'वेस्ट इंडीज़ लिमिटेड' (1934) से

दो पितामहों की गाथा

(फेलितो अमोन के लिए)

छायाएँ जो सिर्फ़ मुझे दिखाई देतीं
मेरे दो पितामह मेरी देखभाल करते हुए

हड्डी के सिरे वाला बर्छा
खाल और काठ का ढोल :
यह मेरे काले पितामह!
चौड़ी गरदन पर उनकी गलापोश
बदरंग-बेतुका बख़्तर
यह मेरे गोरे पितामह!

नंगे पैर, पत्थर धड़
काले पितामह के मेरे,
पुतलियाँ धुँधली दक्षिण ध्रुवीय
गोरे पितामह की मेरे!

सीलन-भरे जंगलों और
बड़े-बड़े ख़ामोश घंटों वाला अफ्रीका...
"मर रहा हूँ मैं!"
(कहते हैं मेरे काले पितामह)

मगरमच्छों से भरे उदास सागर
सुबहें नारियलों से हरी और सवँलाई
"ऊब उठा हूँ मैं!"
(कहते हैं मेरे गोरे पितामह)

ओह्, तीखी हवा से भरे हुए पाल
जहाज़ दमकते हुए सोने से...
“मर रहा हूँ मैं!”
(कहते हैं मेरे काले पितामह)

ओह्, सूने-सँकरे किनारे सागर के
ठगे गये काँच के मनकों से...!
“ऊब उठा हूँ मैं!”
(कहते हैं मेरे गोरे पितामह)

ओह्, पूरा और उभरा हुआ सूरज
बंदी अयनमंडल के घेरे में
ओह्, गोल और उजला चाँद
बंदरों के सपनों की देखरेख करता!
कित्ते सारे जहाज़, कित्ते सारे जहाज़!
कित्ते सारे काले-कित्ते सारे काले!
कैसा विपुल वैभव गन्नों का!
कैसी लपलपाती चाबुक गुलामों के सरगना के हाथ में!
ख़ून और आँसुओं का आश्रय
अधखुली रगें और आँखें
और सूनी भोरें
और सँझलौखे गन्ने के कोल्हू
और सन्नाटे को तोड़ती एक भारी-भरकम, एक ज़ालिम आवाज़
कित्ते सारे जहाज़, कित्ते सारे जहाज़
कित्ते सारे काले!

छायाएँ जो सिर्फ़ मुझे दिखाई देतीं
मेरे दो पितामह मेरी देखभाल करते हुए

दोन फेदेरिको मुझे पुकारते हैं
और पापा फकुंदो ख़ामोश रहते हैं

रात में दोनों सपने देखते हैं
और चलते हैं—चलते चले जाते हैं।
मैं उन्हें मिलाता हूँ।

"फेदेरिको!"
"फकुंदो!"
वे गले लगते हैं
ठंडी साँस लेते हैं
उठाते हैं अपने शक्तिशाली सिर,
दोनों के एक-से क़द,
दूर चमकते सितारों के साये में;
दोनों के एक-से क़द,

काली ललक और गोरी ललक;
दोनों के एक-से क़द!
वे चीखते हैं वे सपने देखते हैं वे रोते हैं वे गाते हैं
वे सपने देखते हैं वे रोते हैं वे गाते हैं
वे रोते हैं वे गाते हैं
वे गाते हैं!

(1937)

'दि इंटायर सोन' (1947) से

एकाकी ताड़वृक्ष*

ताड़वृक्ष आँगन में
उगा था अकेला;
बाढ़ा-बड़रा और हमें पता ही नहीं चला,
बाढ़ा-बड़रा अकेला;
सूरज और चाँद की छाँव में
खड़ा है अकेला
जीता-जागता।

लम्बी-पक्की काठी वाला
अकेला ताड़वृक्ष
बंद पाबंदीशुदा आँगन में अकेला
हरदम अकेला,
अभिभावक ढलते अपराह्न का
अकेला ही देखता है सपना

ताड़वृक्ष स्वप्नमग्न
एकाकी ताड़वृक्ष—
देख रहा सपना मुक्त वायुमंडल में विचरने का
मुक्त और अकेला
मुक्त ज़मीन और जड़ों के बझाव से
बझाव से मुक्त और अकेला;

मेघों का आखेटक
एकाकी ताड़वृक्ष
एकाकी ताड़वृक्ष
ताड़वृक्ष। (1946)

---

* ताड़ क्यूबा का राष्ट्रीय वृक्ष प्रतीक है। साहित्यिक रचनाओं में उसका उल्लेख लाक्षणिक रूप में प्रायः होता रहा है।

यादों की नदी-यात्रा

कब?
नहीं जानता,
जा रहा हूँ यादों की नदी-यात्रा पर।

एक सुनहरी मुलट्टो औरत पास से गुज़री
पास से गुज़री तो उस पर नज़र पड़ी
गर्दन के पीछे उसके रेशमी जूड़ा
पारदर्शी पोशाक,
नयी-नकोर पीठ वाली युवती
नयी-नकोर एड़ियों वाली

गन्ना!
(व्यग्रतापूर्वक मैंने उसे सम्बोधित किया खुद से बतियाते हुए)
गन्ना
लरजती हुई रसातल की कगर पर।
कौन तुझे ठेलेगा
कौन तुझे काटेगा छूरे से
चीनी के किस कारखाने में
पेरी जायेगी तू कोल्हू में?

उसके बाद वक़्त तेज़ी से दौड़ा
तेज़ी से दौड़ा वक़्त बिना यहाँ-वहाँ रुके

जाते हुए मेरे साथ यहाँ और वहाँ
जाते हुए वहाँ और यहाँ
यहाँ और वहाँ
वहाँ और यहाँ

कुछ नहीं जानता मैं, कुछ मालूम नहीं
न ही आगे कभी कुछ जान पाऊँगा
अखबारों में भी कभी कुछ नहीं आया
कुछ भी हाथ नहीं लगा मेरे
उस सुनहरी मुलट्टो* औरत के बारे में
जिसे कभी मैंने गुज़रते हुए देखा
गर्दन के पीछे उसके रेशमी जूड़ा
पारदर्शी पोशाक
नयी-नकोर पीठ वाली युवती
नयी-नकोर एड़ियों वाली।

(1947)

Mulatto = मुलट्टो = यूरोपी और अश्वेतों की संकर संतान

लेकिन मैं देख तो लूँ तुम्हें!

अगर तुम मुझे मारना चाहते हो
तो मेरे सोने तक इंतजार न करो,
क्योंकि तब मैं जागूँगा नहीं—
मरा हुआ।

ओऽ, मरा हुआ और सोया हुआ भी!
मतलब, न मरता हुआ न ही सपने देखता हुआ
मतलब, न याद करता हुआ न ही भूलता हुआ!
मरा हुआ,
ओ ऽ, मरा हुआ और सोया हुआ भी!

देखो, मुझे भोर में मारो
या रात में, अगर तुम चाहो;
लेकिन मैं देख तो लूँ
तुम्हारा हाथ,
लेकिन मैं देख तो लूँ
तुम्हारे नाखुन,
लेकिन मैं देख तो लूँ
तुम्हारी आँखें,
लेकिन मैं देख तो लूँ तुम्हें!

(1947)

काला सागर

सागर पर सपना देखती है
जामुनी रात,
मछुआरों की आवाज़ें
सागर में भीगी हुई
चन्द्रमा उगा टपकता हुआ
सागर से

काला सागर

रात में से फूटा एक साँग*
बहता है खाड़ी में
रात में से फूटा एक साँग
जहाज़ देखते हैं उसे पास से गुज़रते
रात में से फूटा एक साँग
ठंडे पानी को जलते पानी में बदलता
रात में से फूटा एक साँग
रात में से फूटा एक साँग
रात में से फूटा एक साँग...

---

* 'सोन' (Son) क्यूबाई संगीत की प्राथमिक शैलियों में से एक, जो स्पानी-अफ्रीकी विशिष्टताओं के योग से बनी। परम्परागत रूप में इसे जातीय वाद्यवृंद के साथ सप्तक अथवा अष्टक में प्रस्तुत किया जाता है। इस संगीत शैली की संरचना टेक और अन्तरा के मध्य पारस्परिक अदायगी के रूप में हुई है। टेक वाद्यवृंद के सभी सदस्यों द्वारा गाई जाती है और अन्तरा मुख्य गायक गाता है। इस दृष्टि से, इस संगीत शैली को हरियाणा-राजस्थान की **'साँग'** शैली (विशेषकर 'अलीबक्षी') के समतुल्य मान सकते है। संगीत और काव्य-शैली के रूप में 'सोन' क्यूबा की सांस्कृतिक पहचान का प्रमुख हिस्सा है। गीय्येन ने अपनी कविताओं में इस शैली का कल्पनाशील प्रयोग करके एक विशेष प्रभाव पैदा किया है।

"ओह्, मृदुल सोने की मेरी मुलट्टो स्त्री
ओह्, मेरी मुलट्टो स्त्री
सोने की और चाँदी की
अपने पॉपी और सन्तरे के फूलों के साथ
भूखे और मर्द सागर के पायँताने
सागर के पायँताने।"

(1944)

मैं राह-राह जा रहा था

मैं राह-राह जा रहा था
जब मृत्यु से मेरा सामना हुआ
"दोस्त!" मृत्यु ने मुझे आवाज़ दी
लेकिन मैंने कोई जवाब नहीं दिया
लेकिन मैंने कोई जवाब नहीं दिया
मैंने सिर्फ़ निहारा मृत्यु की ओर
लेकिन मैंने कोई जवाब नहीं दिया

मेरे हाथ में नरगिस का एक सफ़ेद फूल था
जब मृत्यु से मेरा सामना हुआ
उसने नरगिस का वह फूल मुझसे माँगा
लेकिन मैंने कोई जवाब नहीं दिया
लेकिन मैंने कोई जवाब नहीं दिया
मैंने सिर्फ़ निहारा मृत्यु की ओर
लेकिन मैंने कोई जवाब नहीं दिया

ओऽ मृत्यु,
अगर दोबारा तुझसे मुलाक़ात हुई
तो एक दोस्त की तरह
तुझसे बातें करूँगा, गप्पें लड़ाऊँगा,
मेरी नरगिस, तेरे सीने पर
एक दोस्त की तरह
मेरा चुम्बन तेरे हाथ पर
एक दोस्त की तरह
मैं रुका और मुस्कुराया
एक दोस्त की तरह।

(1945)

तिपहर प्यार तलाशती हुई

तिपहर प्यार तलाशती हुई।
ठंडी बयार, धुँधला आसमान
बुझी-बुझी धूप,
तिपहर प्यार तलाशती हुई।

मैं उसकी बन्द आँखों को याद करता हूँ
तिपहर प्यार तलाशती हुई,
और उसकी पीली-निष्ठुर कोहनियों को
तिपहर प्यार तलाशती हुई,
और हरे नाखुनों वाले उसके हाथों को
और उसके बेरंग माथे को
और उसकी बेहरकत हलक़ को...
तिपहर प्यार तलाशती हुई
तिपहर प्यार तलाशती हुई
तिपहर प्यार तलाशती हुई।

नहीं!
नहीं, क्योंकि वह मुझे घसीट रही है।

नहीं!
क्योंकि वह मुझसे बोली, क्योंकि वह मुझे अभिवादन कर रही है,

नहीं!
क्योंकि मैं उसकी अंत्येष्टि की देखभाल कर रहा हूँ

नहीं!
क्योंकि वह मेरी ओर मुस्कुरा रही है, चित्त लेटी हुई

चित्त लेटी हुई, शान्त और सौम्य और चित्त लेटी हुई
ज़मीन पर, चित्त लेटी हुई
मृत अकस्मात्!... चित्त लेटी हुई...

नहीं!

(1945)

ओ उदास गुलाब*

मेरी रूह उड़ती है और मँडराती रहती है
दूर-दूर तक तुम्हें तलाशती हुई,
ओ उदास गुलाब,
ताज़ादम मेरी यादों में जड़े हुए।
भोर जब ग्रामांचल को ओस से ढक देती है
और दिन जब एक बच्चे की भाँति
आसमान में जाग उठता है,
ओ उदास गुलाब,
अपनी तंग-सँकरी चादर में से
छूता हूँ मैं तुम्हारी पुष्ट देह,
जब प्रचंड धूप अपनी भीषण गर्मी से उत्तप्त होती है
जब अपराह्न वेला श्रांत-क्लांत सूर्यास्त में
निःशेष हो चुकती है
मैं अपनी मनहूस मेज़ पर/तुम्हारी भूरी-उदास रोटी को निहारता हूँ
और उद्दीप्त मौन से आविष्ट रात्रि में
ओ उदास गुलाब,
ताज़ादम मेरी यादों में जड़े हुए,
सुनहरे, अनुगुंजित, आर्द्र
धीरे-धीरे छत से उतरते
तुम निकट आते हो
मेरा सर्द-निर्जीव हाथ अपने हाथ में लेते हुए,
और उसे निहारते रहते हो।
फिर मैं अपनी आँखें बन्द करता हूँ,
किन्तु तुम्हें ही निहारता रहता हूँ
सतत-टकटकी बाँधे।

---

* कवि-पत्नी रोज़ा पोर्तय्या

तुम्हारी दृष्टि मेरे सीने पर
तुम्हारी प्रलम्बित धीर-गम्भीर दृष्टि
मेरे सीने पर
तुम्हारी दृष्टि
किसी कल्पित कटार की भाँति।

(1946)

प्रेमगीत

नहीं जानता। सचमुच मैं नहीं जानता।
नहीं कह सकता कितनी दूर गया मैं
दोबारा उसे हासिल किये बिना।
एक सदी?...शायद।
कुछ कम भी हो सकता है : निन्नानबे साल।
...या एक महीना?...हो सकता है कुछ भी, लेकिन
बेहद, बेहद, बेहद लम्बा वक़्त।

आख़िरक़ार, यक् ब यक् खिले किसी गुलाब की तरह
अकस्मात् थरथरा उठे किसी घंटी-फूल की तरह
आई ख़बर!
पलक झपकते यह जानकारी
कि फिर देखूँगा उसे, कि फिर होगी वो मेरे क़रीब,
वास्तविक और ठोस, जैसे मेरे सपनों में :
कैसा तो धमाका!...कैसी तो ख़ामोश गड़गड़ाहट
मेरी नसों में घुमड़ती...फूटती हुई मेरे ख़ून में
रात के एक तूफ़ान में!
और तुरत हासिल करते हुए उसे? और हमारे अपने अंदाज़ में
एक दूसरे को आदाब अर्ज़ करते हुए, कि कोई जान न पाये
कि यह हमारा अपना ख़ास अंदाज़ है मिलने-भेंटने का?
एक हल्की रगड़, बिजली की-सी एक छुअन
एक साज़िशाना भिंचाव, एक ख़ास अंदाज़े-दीदार
एक धुकधुकी
दिल के वलवले ख़ामोश आवाज़ में।...
उसके बाद
(वो कुछ; जो तुम पन्द्रह साल की उम्र से जानती रही हो)

घुटे-घुटे-से शब्दों की फड़कन
नीची नज़रों के साथ उठती एक आवाज़
और उस आवाज़ में घुला हुआ पछतावा
और ग़ैर को झाँसा देने वाला अंदाज़े-बयाँ!
अब भी वो प्यार—
"मुझे तुमसे प्यार है" वाला
"तुम" वाला (जो दिखाऊ फ़ासले से बोला जाये)
"मैं सचमुच चाहती कि...मगर नामुमकिन..." वाला
"नहीं, हम नहीं...फिर सोचो इस बारे में..." वाला
उस तरह का प्यार!

बहार के दिनों जैसा बेपनाह प्यार
शिष्ट, हार्दिक, खुश और ख़तरनाक।
फिर, अलविदा, सादा लबोलहज़े में,
दोस्तों के दरमियान। फिर—
उसे जाते हुए देखना
और उस पर प्यार आना
जैसा पहले कभी न आया हो।
अपनी आँखों से उसका पीछा करना
और फिर, बिना आँखों के,
उसे दू ऊ ऊ र तक निहारते रहना—
दूर तक फैली पगडंडी, और उसके भी पार
पार के भी पार
निहारते रहना उसे
रात ने बनाया है जिसे
जिसे चुम्बनों ने, दाँत के निशानों ने, रतजगों ने
ज़हर ने, दीवानगी ने, बेपनाह बेचैनी ने
आहों ने, ख़ून ने, मौत ने बनाया—

उस जाने-पहचाने पदार्थ से
जिससे हम एक सितारा ढालते हैं।

(1953)

'आइ हैव' (1964) से

बेच सकते हो?

क्या वह हवा तुम मुझे बेच सकते हो जो तुम्हारी उँगलियों के बीच से गुज़रती है, तुम्हारे चेहरे पर थपेड़े मारती है और तुम्हारे बालों को अस्त-व्यस्त करती है?

शायद तुम बेच सकते हो मुझे पाँच डॉलर क़ीमत की हवा, या अगर ज़्यादा मुमकिन हो, तो बेच दो मुझे एक तूफ़ान!

क्या यह हो सकता है कि तुम मेरे हाथ थोड़ी-सी सुहानी हवा बेच दो? वह जो तुम्हारे बग़ीचे में परिंदों के लिए है? ज़्यादा नहीं, बस्स् दस डॉलर क़ीमत की सुहानी हवा!

बल खाती हुई वो हवा, जो
एक तितली में फुरकन पैदा करती हैं
किसी की मिल्कियत नहीं है।
किसी की भी।

क्या तुम मुझे आसमान बेच सकते हो?
वो आसमान जो कभी नीला, या कभी-कभार भूरा दिखाई देता है
सिर्फ़ एक टुकड़ा अपने आसमान का, जिसे तुम समझते हो कि तुमने ख़रीदा है दरख़्तों और फलोद्यानों के साथ, जैसे कोई मकान के साथ छत ख़रीदता है। क्या तुम मुझे एक डॉलर क़ीमत का आसमान बेच सकते हो, या दो किलोमीटर लम्बा, या अपनी मर्जी से अपने आसमान का कोई एक टुकड़ा?

आसमान बादल में है
बादल ऊपर-ऊँचे तिरते हैं
वो किसी की मिल्कियत नहीं हैं।
किसी की भी।

क्या तुम मुझे बारिश बेच सकते हो? वह पानी, जिसने तुम्हारी आँखों में आँसू भरे, जो तुम्हारी ज़बान तर करता है! क्या तुम एक डॉलर क़ीमत का बहता पानी मुझे बेच सकते हो? एक लबालब बादल, चिकना और घुँघराला; किसी भेड़ जैसा, या पहाड़ों पर हुई बारिश का पानी, या जोहड़ों का जो कुत्तों के लिए तुमने छोड़ रखा है, या समुद्र का एक हिस्सा, या एक झील—सौ डॉलर क़ीमत की एक झील?

पानी गिरता है, बहता है
पानी बहता है और आगे बढ़ जाता है
वो किसी की मिल्कियत नहीं है,
किसी की भी।

क्या तुम मुझे धरती बेच सकते हो? दिन में भी अँधेरे दिखते जंगलों की ज़मीन? डायनासोरों के दाँत, प्राचीन कंकालों का यहाँ-वहाँ बिखरा चूना? क्या तुम मुझे बेच सकते हो ज़मानों पहले ज़मींदोज हो गये जंगल, परिंदों के फ़ॉसिल, भय-बिजड़ित मछलियाँ, ज्वालामुखियों से निकला गंधक, कुंडली की तरह लिपटा करोड़ों सालों का समय? क्या तुम मुझे धरती बेच सकते हो? बेच सकते हो? धरती मुझे बेच सकते हो?

तुम्हारी धरती मेरी धरती भी है
सभी के पाँव उस पर चलते हैं
वो किसी की मिल्कियत नहीं,
किसी की भी!

(1959)

मार्ती*

अरे, मत सोचो कि उसकी आवाज़ एक आह है
कि उसके हाथ अस्पष्ट और अवास्तविक हैं, और यह
कि उसकी दृष्टि किसी गुलाब पर ठहरी और
थरथराती ओस की एक बूँद है।

उसकी आवाज़ पत्थरों को चकनाचूर कर देती
और उसके हाथ लोहा कमाते हैं,
उसकी दृष्टि रात जैसे अँधेरे में डूबे
जंगलों में आग लगा देती है।
छुओ उसे, पाओगे कि वह तुममें जलन पैदा कर रहा है
दो उसे अपना हाथ, पाओगे कि उसके खुले हाथ में
किसी रंगीन-ज़िन्दादिल और तूफ़ानों से भी टकराने वाले
पितरेल की तरह क्यूबा महफ़ूज है
देखो ज़रा उसकी तरफ़, पाओगे कि उसका तेज
तुममें चौंध भर रहा है,
किन्तु उसका अनुसरण करते हुए रात का सफ़र तै करो,
देखोगे कि उसकी रोशनी में
रात के अँधेरे में भी
स्पष्ट रास्ता नज़र आ रहा है।

(1964)

* **ख़ोसे मार्ती** (1853-95), क्यूबा के महान राष्ट्रीय योद्धा। क्यूबा अपनी क्रान्तिकारी विरासत को मार्ती से ही जोड़ता है।

चे गुएवारा*

मानों सान मार्तिन[1] ने अपना निश्छल और बिरादराना हाथ मार्ती के
आगे बढ़ाया हो
मानो अर्हेंतिना की सबसे लम्बी नदी प्लाता क्यूबा की सबसे लम्बी नदी
काउतो से गलबहियाँ डालने को बढ़ आई हो,
वैसे ही पहाड़ी क़बीलों से निकल कर आये पुख़्ता और कड़कती आवाज़
वाले गुएवारा ने फीदेल[2] को पेश किया अपना छापामार लहू
और गहरे बिरादराना जज़्बे से भरा अपना हाथ
जब हमारी रात बेहद घनी और ख़तरनाक थी।

मौत सिर पर पैर रख कर भागी अपनी हत्यारी छाया,
अपने छुरे, अपने ज़हर और अपनी दरिंदगी के साथ,
बची रह गई महज़ बर्बर याद

दो के जोड़ से वजूद में आई एक रूह रौशन है भरपूर
मानों सान मार्तिन ने अपना निश्छल और बिरादराना हाथ
मार्ती के आगे बढ़ाया हो!

(1959)

---

* चे गुएवारा (1928-67), क्यूबाई क्रान्ति का सबसे रौशन सितारा। क्यूबा की सफल क्रान्ति के बाद बोलिवियाई मुक्ति संग्राम में शहादत।

1. सान मार्तिन (1778-1850), चीले और अर्हेंतिना को स्पानी औपनिवेशिक शिकंजे से मुक्त कराने वाले महान स्वातंत्र्य योद्धा।
2. फीदेल कास्त्रो (1926), क्यूबाई क्रान्ति के नायक और मुक्त क्यूबा के महान पथ प्रदर्शक।

'लव पोएम्स' (1964) से

अगर उन्होंने कभी मुझसे कहा होता

अगर उन्होंने कभी मुझसे कहा होता
कि वह दिन आयेगा जब मेरे और तुम्हारे बीच
महज़ दोस्ती के सिवा कुछ बचा नहीं रहेगा
मैं उन पर क़त्तई भरोसा न करता

कि किसी ने हमें देखा, नेरा मतलब है,
धूप और बारिश के बारे में उदासीनता के साथ
महज़ दोस्ताना अंदाज़ में बात करते,
मैं उन पर क़त्तई भरोसा न करता

आह्, कैसी तो अविश्वसनीय रूप से तेज़धार कटार
जिसने यह ज़ख़्म दिया
कि मैं ख़ून उगलता हुआ मर रहा हूँ...!

अगर उन्होंने कभी मुझसे कहा होता
मैं उन पर क़त्तई भरोसा न करता।

(1971)

इतनी दूर से आये तुम

इतनी दूर से आये तुम
और मैंने तुम्हारा इंतज़ार नहीं किया
जानते हुए कि तुम आओगे!
क्या कर सकता हूँ मैं भला
अगर गुज़रती हुई हवा में
तुम्हारी झलक भी मुश्किल से मिल पाये!
क्या तुम्हारी आवाज़ वह ख़ुश्बू है
जो मेर पीछा करे और हवा हो जाए,
क्या तुम्हारी देह एक सपना है
जिसमें से मैं आँसुओं में तर जागता हूँ,
क्या तुम्हारे हाथ फूल की पंखुड़ियाँ हैं
जिन्हें मैं आहिस्ते से छू-भर सकूँ
और तुम्हारी हँसी एक दूरदराज इन्द्रधनुष
तीसरे पहर की नम ख़ामोशी में?

क्या कर सकता हूँ मैं भला
अगर गुज़रती हुई हवा में
तुम्हारी झलक भी मुश्किल से मिल पाये?

(1964)

हर रविवार को बारिश होती है

(1)
हर रविवार को बारिश होती है।
फिर एक बार घेर लेती है उदासी।
दिल मेरा रिसता हुआ
जैसे कोई खुला ज़ख़्म।
कहाँ हो तुम? किसी सपने में
जहाँ रात घिरी हुई है और बर्फ़ गिर रही है!
हर रविवार को बारिश होती है।
फिर एक बार घेर लेती है उदासी।

(2)
ओह्, प्रियतमे मेरी,
तलाश में हूँ मैं एक ऐसे तकिया की
टिका सकूँ जिस पर हरदम के लिए
भट्टी जैसा दहकता हुआ अपना सिर।
मेरी विनय, मेरी पुकार, याचना मेरी
पहुँचती तो है न तुम तक, ओ प्रियतमे मेरी?
आओगी न!...काश, तुम आ जाती
काश!...आ जाती...फ़क़त तुम...आ जाती काश!
हर रविवार को बारिश होती है
फिर एक बार घेर लेती है उदासी।

(3)
जानता नहीं मैं, क्या हो रहा ये मेरे साथ,
असह्य अनुपस्थिति लेकिन तुम्हारी
वह समाधि-शिला है
दबा हुआ है जिसके नीचे मेरा हृदय।

कभी का जा चुका गुलाबों और
हरी पत्तियों का मौसम...और
हर रविवार को बारिश होती है।
फिर एक बार घेर लेती है उदासी।

(4)

समय एक पड़ाव के निकट है
इस इंतज़ार से ज़ख़्मी मेरी ग़लतफ़हमियाँ
बहुत-बहुत ऊँची उड़ानें भर रही हैं,
उन्हें मार गिराते हैं तुम्हारे अचूक बाण...
और, दिल मेरा रिसता हुआ
जैसे कोई खुला ज़ख़्म।
हर रविवार को बारिश होती है
फिर एक बार घेर लेती है उदासी।

(1964)

किसी वसंतस्थली में : शोकगान

(1966)

सारा,[1]

यह कृति मैंने तुम्हारे लिए रची। यथार्थतः इसकी रचनाकार तुम हो। सँभालो इसे। कभी, जब अवधि बीत लेगी और मैं भी बीत लूँगा, सम्भवतः इसे पढ़ते हुए तुम जान सकोगी कि कितना प्यार किया उस व्यक्ति ने तुम्हें, आज भी वह तुम्हें कितना प्यार करता है और आगे भी...

तुम्हारा भरोसेमंद
निकोलास गीय्येन
5 मई, 1966

"मैं तुम्हें कविता के समग्र जीवन को देता हूँ"

–इमाइलिओ बय्यागास[2]

यह काव्य श्रृंखला निकोलास गीय्येन ने अपने जीवन के तीसरे चरण के लगभग अंत में रची। उनकी इच्छा के अनुरूप उनके जीवनकाल में इसका प्रकाशन नहीं हुआ। सम्भव है इसके पीछे कोई नैतिक संकोच रहा हो!

1. सारा सासाल (Sara Casal), गीय्येन जब क्यूबा के लेखक-कलाकारों के संघ के अध्यक्ष थे, उस अवधि में कई वर्षों तक सारा उनकी प्रशासकीय सचिव रही।
2. इमाइलिओ बय्यागास (Imilio Ballagas : 1908-54) क्यूबा के प्रसिद्ध कवि, जिन्होंने अश्वेतों के जीवन और उनके संघर्षों से संदर्भित भी बहुत-सी कविताएँ रचीं।

(1)

मैंने तुमसे कहा
मैंने तुमसे हरदम कहा,
क्योंकि यह महज़ एक बार की बात नहीं थी,
सावधानी बरतो, क़सम न खाओ
कि तुम मरते दम तक मुझे प्यार करोगी,
क्योंकि मरना एक संगीन मामला है
और अगर तुम जीती रही
तो भारी दुख के बीच
कौन सी हँसी हम दोनों को आनंदित करेगी!

और यही हुआ—
मैं तब तक हँसता हूँ जब तक आँसू नहीं आ जाते।
गौर करो, मैंने कहा आँसू!

(2)

मत सोचो कि मैंने समय से पता नहीं लगाया,
मैंने समुद्र की सतह पर जलपाखी देखे, शैवाल देखे
रात के वक़्त दूरवर्ती रोशनियाँ देखीं,
अपने माथे को सहलाते धूल के अंधड़ का अहसास किया,
"ज़मीन, यहाँ ज़मीन है!"
अपने-आप से मैंने कहा, और वहाँ ज़मीन थी
यहाँ ज़मीन है,
तुम मेरा इंतज़ार करती हुई
गम्भीर, सौम्य, निश्शब्द,
तुमने कहा कुछ नहीं लेकिन मैंने तुम्हें सुना,
मैं तुम्हें तब भी सुनता हूँ जब तुम कुछ भी नहीं कहती हो,
क्या कहोगी तुम भला, जो मैं नहीं जानता!
चक्का बदलो, बदलो इसे
और बजने दो पुराना पसंदीदा गीत :

काल का पहिया चलता जाये, चलता जाये काल का पहिया
हाँ, चलता जाये काल का पहिया
आगे ही आगे गन्नाता, पीछे पलटना उसे न आता
हाँ, पीछे पलटना उसे न आता
मेरी बदक़िस्मती कि मैंने तो इससे उल्टा सोचा था
क्या सोचा था-क्या सोचा था?
सोचा था सब युँही रहेगा, काल का पहिया थमा रहेगा
आगे न जाएगा-पीछे न लौटेगा, जहाँ है वहीं पे जमा रहेगा,
मेरी बदक़िस्मती कि मैंने जाने क्यूँ ऐसा सोचा था!...
जो सोचा था उसको छोड़ो, सही दिशा में सोच को मोड़ो
काल का पहिया चलता जाये, चलता जाये काल का पहिया...

(3)

मैं अकेला था, लेकिन यह नहीं सोचा था
कि और भी ज़्यादा अकेला होने मैं जा रहा हूँ।
—अकेला होने से और ज़्यादा अकेला!
—हाँ, और ज़्यादा अकेला।

(4)

—और!...अब क्या करना है?
—कुछ नहीं,...तुम क्या करने जा रही हो?
तुम्हें पुराने पत्रों को दोबारा पढ़ना चाहिए
पुराने-बदरंग गुलाबों को फेंक दो
अच्छी चीज़ें याद करो
मन को शान्त करो!
आघात गहरा था, लेकिन देखो...
—क्या?
—नहीं-नहीं! मैं तुमसे कुछ कहने वाला था
लेकिन नहीं...

(5)

यहाँ शुरू होती है रात!
जब तुम मेरी ओर से मुँह मोड़ लोगी
मुझे महसूस करोगी,
घाँटी में चुभती फाँसें तुम्हें बतायेंगी
कि मैं पास ही हूँ।
प्रार्थना करो मेरे लिए
और याद रखो कि शरीर चले जाते हैं
लेकिन छायाभास बचे रहते हैं
(और मँडराते रहते हैं)।
डरना मत!

(6)

मुझे किसी शान्त जगह दफ़नाना, जहाँ दरख़्त हों
शिलापट्ट पर सिर्फ़ मेरा नाम–
शांति, सुकून जैसे शब्द नहीं!
कौन सी शान्ति या सुकून भला पाऊँगा
जबकि सबको पता है कि अचानक मैं मरा
कॉफी का प्याला होंठों से लगा हुआ
आँखों में तुम्हारी मुस्कुराहट
और मुझे पुकारती हुई तुम्हारी पुकार...

मरने के लिए, मेरी दोस्त, आदमी को खुद को
हरदम तैयार रखना होता है
वर्ना वो उन लोगों में, उन छायाभासों में शामिल हो जाता है
जो सोचते हैं कि वे अब भी ज़िन्दा हैं
(कैसे मुश्किलतलब होते हैं वे!)
और उस किसी से बातें करते हैं
जो उन्हें क़त्तई नहीं सुन रहा होता।
जैसे मैं।

(7)

कभी-कभार
जब मैं किसी तारीख पर गौर करता हूँ
तो खुद से कहता हूँ
'उस वक़्त तक मैं उसे नहीं जानता था।'

या कि
'उस वक़्त तक हमारे रिश्तों को तीन साल हो चुके थे।'

या शायद
'ठीक आज जैसे ही एक दिन
बिना कुछ भी कहे वो हरदम को मुझे छोड़ गई।'

(8)

शायद तुम्हें भलीभाँति मालूम हो
या शायद न भी मालूम हो
कि जब दोपहर-ढले
तुम जाने की तैयारियाँ कर रही होतीं
अपने काग़ज़पत्रों को तरतीब देती हुई
टाइपराइटर पर कवर चढ़ाती हुई
कलम-पेंसिलें ठीक-ठिकाने रखती हुई
और थोड़ी देर बाद
(दफ़्तर की घड़ी के अनुसार छह बजे)
जब अपने नाइट स्कूल के लिए
पत्रिकाओं की कतरनें, फूल, पोस्टरों के अक्षर
बुलेटिन बोर्ड वगैरह चाकचौबंद कर रही होतीं
(जैसे रात की ड्यूटी पूरी कर, सुबह के वक़्त
मुस्कुराती हुई लौट रही कोई महिला कांस्टेबल!)
तो कितने प्यार से मैं तुम्हें निहारा करता था!

कैसी तो तीखी उदासी,
कुरेदती रहती हैं सुई की नोक जैसी बारीक यादें
जब हमारा प्रशान्त प्रेम
लिली के ताज़ा खिले फूल जैसा था
वसंत ऋतु में खिले लिली के सफ़ेद ताज़ा फूल जैसा,
ऐसा
जिसे रुबेन दारियो* ने पूजा या आराधना कहा होता

---

* रुबेन दारियो (1867-1916), निकारागुआ निवासी और महान लातीन-अमरीकी कवि, जिसने होसे मार्ती तथा कुछेक अन्य समकालीन कवियों के साथ मिलकर स्पानी अमरीकी कविता को अपनी विशिष्ट पहचान दी और आधुनिक दृष्टि से समृद्ध किया।

पुराने हवाना* की वो पहली शामें
वो कैथेड्रल
और वो रेस्तोराँ
जहाँ एक दोस्त ने हमें हाथ में हाथ डाले देख लिया था
और चुपचाप गुज़र गया था संदेह का कोई मौक़ा दिये बिना!

वह एक अद्भुत लोक था अन्यमनस्कता और सजगता में रला-मिला।
सपनों की, एक तरह की, पारदर्शी धुँध में तिरता
चार साल का वह दौर!
मज़ाक नहीं हैं वे चार साल...
उनमें महीने हैं, दिन हैं, घंटे हैं—
उन चार सालों में प्रति घंटे कितने चुम्बन!...

लेकिन फिर यकायक
(पता नहीं, किसी को नहीं पता अब तक)
बहरा कर देने वाले शोर के साथ
हवाई जहाज़ों, इंजनों, साइरनों के साथ,
फिल्मों में देखी-सुनी जाने वाली
हुआँहटों, मोटरों की भर्राहटों, बमबारियों की भाँति
सब कुछ तहसनहस!
और फिर एक भयानक-अटूट चुप्पी।
भयानक चुप्पी...और अटूट...
इस तरह हुआ सब कुछ!
कैसी तो भयानक चुप्पी!...
अटूट!...

---

* क्यूबा का राजधानी नगर

(9)

तुम मरी या मैं?
कहें कि हम दोनों मरे।
ओ ऽऽ! मगर मुझे कुछ और भी कहना है
कि
दुबारा सिर्फ़ तुम पैदा होगी।

(10)

सम्भव नहीं है किसी महाविपत्ति से
अचानक तालमेल बिठा पाना;
आघातों को अनुभव करना
और हर आघात पर मुस्कुराना।
किस चीज़ का बना हूँ मैं?
चिथड़ों का, चिंदियों का?
उदाहरण के लिए चिथड़े-चिंदी ही कहें हम?

लिहाज़ा सिर पर हथौड़ा
और जिगर-पार छुरा।
छुरे से फटा पेट ज़ख़्मी नहीं करेगा मुझे?
दर्द नहीं होगा?
गम्भीर बात है यह।
मेरा ख़ून बहता हुआ महसूस होता है मुझे
जानता नहीं कहाँ से आ रहा है ये
लेकिन बह रहा है।
मेरा चिराग़ थोड़ा-थोड़ा करके बुझ रहा है
लौ बची है फ़क़त,
यानी एक नाम—
वही, जिसे तुम जानती हो
जिसे तुम सोचती हो।

मैं कभी मरा नहीं
(यह पहला मौक़ा है)
लेकिन समझता हूँ भलीभाँति
कि ऐसा क्यूँकर है।

(11)

मृत्यु का रूप किसी कपाल जैसा नहीं है
वह तुम्हारी अनुपस्थिति है
किसी झुलसे मैदान जैसी–
वो मैदान जो दिन में धूप और आग से जला
झिलमिलाता हुआ और उजाड़,
वो मैदान
            चाँद ने जिसे 'मोटल' बना डाला–
ठिठुरती रात में एक इस्पाती फैलाव।

अगर मैं चीख़ता हूँ, तो लोग अनसुनी करते हैं
अगर मैं पुकारता हूँ, तो कोई आता नहीं!
आख़िरकार किस लोक में रह रहा हूँ मैं?
या रब, काश सिर्फ़ इतना मैं जान पाता!

मैं मरा हुआ हूँ–
सूरज और आसमान के साये में पड़ी हुई
बिना आँखों वाली एक लाश
चिड़ियों की चीथी हुई...

'सुनती हो! सुन रही हो मुझे?
फ़क़त बीता हुआ कल, वही
हरदम तुम्हारा!'

ख़ामोशी।...
हवा की सर-सर भी नहीं।

(12)

तुम्हारे सारे चाहने वालों में–
वे जो तुम्हारी मारक और पवित्र दूरी के बाद भी
व्यर्थ ही एक मुस्कान की उम्मीद बाँधे रहे,
तुम्हारी निगूढ़ सौजन्यता के बीच
एक नज़र तुम्हें निहार लेने की अनुमति चाहते रहे,
तुम्हारी सधी हुई आवाज़ में से
अपने अभिवादन का उत्तर पाने की हौंस सहेजे रहे,
उन सभी में–
अकेला मैं हूँ निर्वासित
जिसकी कोई आवाज़ या मत नहीं है उस सभा में
जिसकी अध्यक्षपीठ पर तुम आसीन हो।
मैं, जिसके होंठों पर कभी तुम्हारे होंठ हुआ करते थे,
कितनी युक्तियों, घातों, भरोसेमंदों का
सहारा लिया होगा मैंने हर रोज़
कि हासिल कर पाऊँ न-कुछ-सा एक अंश, एक कण,
या मात्र एक स्फुलिंग,
या क़त्तई कुछ भी नहीं, जिसकी संभावना सबसे ज़्यादा थी,
तुम्हारे दैनिक व्यक्तित्व का!

गूढ़, गहन रहस्य
कैसी तो परिस्थिति यह!
कहना नहीं इस सबके बारे में किसी से भी कुछ, कृपया,
अगर मुझे नीचा दिखाने का तुम्हारा कोई इरादा न हो
दोहराना नहीं किसी के आगे यह सब!

(13)

"वक़्त एक ऐसा डाक्टर है कि उसके नतीजे अच्छे होते हैं
उसका इलाज धीमा होता है, लेकिन बहुत पक्का।"
—मलर्ब*

तुम्हें पता होना चाहिए कि ये तुम्हारे साथ होगा
समय एक समझदार चिकित्सक है
उसके इलाज से मर्ज़ धीरे-धीरे जाता है
मगर हरदम के लिए चला जाता है

बहुत ठीक, मलर्ब,
बहुत ठीक, मेरे पुराने दोस्त,
और अगर इसी दरमियान?...

---

* फ्रांस्वा मलर्ब (Francois Malharbe : 1555-1628) क्लासिक फ्रांसी कवि।

(14)

आसान नहीं है
एक ही प्रहार से उस तार को तोड़ देना
जो नाव को घाट से बाँधता है।
लहरें महज़ लहरें हैं, उनके बूते का नहीं
और हवा, उससे भी कम।
(कई बार यह तुमने माना है)
इसीलिए यक़ीन नहीं आता
जब तुम अपनी अकूत सामर्थ्य का बखान करती हो
कि साँपों और पंडुकों को
इच्छाओं की कुटिल कुंडली को
ईर्ष्या के दहकते अंगारों को
संदेहों, आहों-कराहों को
लहरिल समापन की लालसा को
और किसी शान्त पताका जैसी स्वाभाविक
और उज्ज्वल
अहेतुक कोमलता को
सारी आकांक्षाओं और सारे अनुतापों को
तुम एक कैप्सूल में क़ैद कर सकती हो!

वह सब कुछ, जो हमारा है!
क्या यह सम्भव है?

भला, बताओ मुझे—जैसा मेरे साथ होता है,
चार सदियों तक तुम उदास और अन्यमनस्क रह सकती हो?
या तुमने मान लिया है कि तुम मर चुकी हो
ख़ाली-ख़ाली हो एकदम?
जान लो कि अगर मैं तुम्हारे साथ नहीं हूँ

तो तुम अपने खुद के साथ भी नहीं हो।
बताओ मुझे कि आधी रात के वक़्त
हौल से भर कर अचानक तुम जाग गईं
जैसा परीक्षाओं से पहले की रात होता है,
बताओ मुझे कि क्या तुम मुझे चलते-फिरते महसूस करती हो
अपनी परछाईं की भाँति अपने ढाँचे से जुड़ा?
बताओ मुझे कि क्या तुम्हें मेरी आँखों से देखने
मेरे शब्दों में बोलने की
ज़रूरत महसूस होती है?

जो कुछ तुम बताओगी उसकी ऐसी-की-तैसी,
क्यूँकि कोई उस सबके आगे टिक नहीं सकता,
बेशक, जो कोई किसी के प्रेम का पात्र रहा है
उसे चीज़ों को उनकी सही जगह रखना होगा!

(15)

"जैसे मैंने तुम्हें प्यार किया, बहकना मत,
अगले कभी तुम्हें वैसे प्यार नहीं करेंगे।..."

—बेकर*

यहाँ समाप्त होती है यह कविता।
यह तुम्हारी है, यद्यपि इसे नष्ट करने का
अधिकार तुम्हें नहीं है।
मेरी खाई में तिरता हुआ विषादयुक्त कुहासा
तुम्हारे चेहरे को जमाता है, उसे एक निश्चित रूप देता है
छवि पेश करता है तुम्हारी मेरे सम्मुख—
तुम्हारी ख़ास अपनी मुस्कान
निष्कपट उलाहने की तुम्हारी भंगिमा
मौन प्रताड़ना भी, उसकी जो तुम्हारी रुचि के अनुरूप नहीं रहा।
मुझे याद हैं वे वाक्य, वे परिस्थितियाँ, वे प्रत्याशाएँ,
विगत का वह आरम्भ, वर्तमान की यह दरार
तुमसे संदर्भित सारे विमल-कोमल पल
जो अब मेरे अस्तित्व का अंश हैं
और जिनके लिए मैं तुम्हारा आभारी हूँ
आभार मुँह छूने वाला—औपचारिक—नहीं
बल्कि वह जो शब्दों में व्यक्त नहीं किया जा सकता,
क्योंकि वह मेरे भीतर बहुत गहरे में स्थित है—
कहाँ, यह ठीक-ठीक नहीं बता पाऊँगा।

बेकर, जिसका विषाद मेरा सहचर है और,

* **गुस्तावो अदोल्फो बेकर** (1836-70) स्पानी रोमांटिक कविता का अग्रणी हस्ताक्षर। उसने अतींद्रिय भावभूमे की, मुक्त शैली में, छोटी-छोटी चिन्तनपरक कविताएँ रचीं।

जिसके अनुसार, जीवन अपने बैंजनी मरणावरण में विदा हो जाता है,
इस क्षण मुझमें पूर्व-राग का संचार कर रहा है–
वह अनिर्वार आलम्ब, वह सौम्य प्रकाश
कि मैं तुम्हें बता सकूँ–
"जैसे मैंने तुम्हें प्यार किया,
वैसे, अगले तुम्हें कभी नहीं कर पायेंगे।"

नहीं जानता कि मैं तुम्हें अलविदा कहूँ, या
जब तुम कहीं नहीं नज़र आओगी तो मैं क्या करूँगा,
कैसे मरूँगा, किस झोपड़ी में, किस तहखाने में
किस भिक्षुक के रूप में, किस फाख़्ता की शक्ल में
किस शिला पर, किस श्मशान में, किस नदी-तट पर
किस दुर्दशा में, या किस क्रूस पर...

या कि यह किसी वसंतस्थली में भी हो सकता है
आर्द्र हो जो नवचन्द्र के चुम्बन से
झूलते हों जहाँ लताओं में
घंटी-जैसे फूलों के गुच्छे
करते हुए घंटानाद तुम्हारे दीप्त पुनरागमन के स्वागत में,
कि करतल ध्वनि और समवेत गान के मध्य तुम आओगी!

किन्तु मैं फिर दोहराता हूँ कि
नहीं जानता; यह सब कुछ
मात्र भोलापन और
निष्ठापूर्ण निश्छलता तो नहीं!
अगर वही हो, तो फिर?...

सचमुच मैं नहीं जानता।

(1966)

'विराट चिड़ियाघर' (1967) से

कैरीबियाई

विशाल चिड़ियाघर की जलजीवशाला में
तिरता है रहस्यमय समुद्री कैरीबियाई

इस जीव की चोटी
        श्वेत मणिभीय है
पीठ नीली, पूँछ हरी
पेट ठोस मूँगे का, और
भूरे चक्रवाती मीनपंख।

जलजीवशाला में लटकती तख़्ती पर
        लिखा है :
        "सतर्क रहें, यह काटता है!"

(1959)

गिटार*

पूरे चाँद की एक रात
वे गिटारों का शिकार करने गये
और यह-एक लेकर लौटे :
पीतवर्ण, सुरुचिपूर्ण, सुडौल और
गूढ़ साँवली आँखों व रंध्रयुक्त काठ की कटि से सुशोभित।
युवा है अभी, मुश्किल से उड़ पाती है
लेकिन दूसरे पिंजरों में से साँगों और दोहरों की
                कोई अनुगूँज सुनती है, तो
                पहले से ही गुनगुनाने लग पड़ती है।
दूसरे पिंजरों में साँग और अकेले दोहरे।
इसके पिंजरे में लटकती तख़्ती पर लिखा है :
                        "सावधानी बरतें, यह सपने देखती है!"

(1959)

---

* इस कविता में गिटार को स्त्रीवाची रूप में लिया गया है।

भूख

यह भूख है।
सिर्फ़ दाँत-सिर्फ़ आँख।
एक बैठक में यह परितृप्त नहीं होती,
कोई बहका नहीं सकता इसे
अनदेखी नहीं कर सकता इसकी।
एक बार के दोपहर-भोजन या रात के ब्यालू से
यह संतुष्ट नहीं होती।
हरदम ख़ूँख़ार तरीक़े से पेश आती है :
बाघ की तरह दहाड़ती है, अजगर की तरह चापती है
व्यक्ति की तरह सोचती है।

यहाँ प्रदर्शित नमूना भारत (मुम्बई की झोपड़पट्टी) में
हथियाया गया था
हालाँकि कम या ज़्यादा हिंस्र रूप में
यह कई और जगहों में पाई जाती है।

दूरी बरतो!

(1967)

'महान चक्र' (1972) से

गान

कितने आहिस्ते से
तुम आये मेरा हृदय स्पर्श करते मुस्कुराते हुए,
मानों तुम वसंत बहार हो!
(मैं, मरता हुआ)

कितनी कोमलता से
तुमने बिखेरे मेरी कमीज़ पर
अप्रैल के सारे फूल!

किसने कहा तुमसे कि
मैं हरदम हँसी था; रुदन कभी नहीं,
मानों मैं वसंत बहार होऊँ!
(वह सब मैं नहीं हूँ)

किन्तु, ओह, कितना मार्मिक है यह
कि तुम मुझे एक गुलाब पेश करते हो
अपनी प्रिय गुलाबबाड़ी का!

कितने अहिस्ते से
तुम आये मेरा हृदय स्पर्श करते मुस्कुराते हुए
मानों तुम वसंत बहार हो!
(मैं, मरता हुआ)

(1972)

गिटार पर एक शोकराग*

(1)

ओ अदना जवान बोलीविया के
ओ अदना बोलीवियाई जवान,
तुम अपनी जिस राइफल से लैस होकर निकले
वो एक अमरीकी राइफल है
वो एक अमरीकी राइफल है
ओ अदना जवान बोलीविया के
वो एक अमरीकी राइफल है

(3)

ओ अदना बोलीवियाई जवान
क्या तुम नहीं जानते कि
'ये किसका लहू है, कौन मरा'?[1]
मरनेवाला चे गुएवारा है,
और वो अर्हेंतीनी था क्यूबाई था
और वो अर्हेंतीनी था क्यूबाई था
ओ अदना जवान बोलीविया के
वो अर्हेंतीनी था क्यूबाई था

(5)

ओ अदना बोलीवियाई जवान
मेरा समूचा गिटार शोकसंतप्त है
लेकिन वो रोता नहीं
हालाँकि रोना मानव-स्वभाव है

---

* इस कविता में दस बन्द हैं। यहाँ सिर्फ़ छह दिये जा पा रहे हैं।

1. मौक़े पर उपयुक्त होने की वजह से, शाइर साहिर लुधियानवी का यह मिसरा यहाँ प्रयुक्त किया गया है।

हालाँकि रोना मानव-स्वभाव है
ओ अदना जवान बोलीविया के
हालाँकि रोना मानव-स्वभाव है

(7)
काँसे का जो सिक्का वो तुम्हें देता है
ओ अदना बोलीवियाई जवान
उससे तुम खुद को बेचते हो, वो तुमको खरीदता है
इसी तौर सोचता है वह मक्कार तानाशाह
इसी तौर सोचता है वह मक्कार तानाशाह
ओ अदना जवान बोलीविया के
इसी तौर सोचता है वह मक्कार तानाशाह

(8)
जागो, क्योंकि दिन निकल आया है
ओ अदना बोलीवियाई जवान,
हर कोई हरकत में आ चुका है
क्योंकि सूरज तड़के ही निकल आया
क्योंकि सूरज तड़के ही निकल आया
ओ अदना जवान बोलीविया के
क्योंकि सूरज तड़के ही निकल आया

(10)
ओ अदना बोलीवियाई जवान
तुम निश्चय ही जान जाओगे
कि अपने भाई को नहीं मारा जाता
कि अपने भाई को नहीं मारा जाता
ओ अदना जवान बोलीविया के
तुम निश्चय ही जान जाओगे
कि अपने भाई को नहीं मारा जाता...

(1968)

मृत्यु के बारे में

छुरा घोंप कर मारे गये विवर्ण सीज़र को मृत्यु कहा जा सकता है
किन्तु वह कलाकारी की मिसाल—उपकारी तीतर भी मृत्यु है, जिसे
आज रात की उम्मीद भरी ख़ुशी सुलभ कराने के दौरान जिबह किया गया
ज़हरीली लार टपकाता मुहल्ले का वह कुत्ता मृत्यु है, जिसे गली के
छोकरे घेर कर पत्थरों से मारते हैं
शागिर्दों से घिरा सुकरात[1] मृत्यु है
आख़िरी टूटती लहर से गीली हुई रेत पर
दीन दुनिया से बेख़बर सोया पड़ा शेली[2] मृत्यु है
स्मरणातीत बर्फ के साइबेरियाई शीशादान में प्रदर्शित
करोड़ों साल पहले का अचल भीमकाय जीव मृत्यु है।

हर रोज़ हम मृत्यु का भक्षण करते हैं
और हर रात वह हमें कुतरती-नष्ट करती है।
कवि और दार्शनिक चीख़ते हैं : 'मृत्यु, मृत्यु'—उनकी अपनी मौतें

वह असहाय बैल
जो उसके सीने को चाक करती बूचड़ की छुरी से
ख़ून और मांस का दरिया बन जाता है, और किसी
कंठशूल से प्रचंड पीड़ा,
क्यों, क्या वह मृत्यु नहीं है?
पशु अज्ञानी होते हैं, किन्तु किसी परोसे गये 'मेनू' में निहित
क्रोध और बेबसी का आवेग क्या तुम जानते हो?

आइए, चीज़ों को सीधे-सीधे लें!

---

1. सुकरात (470-399 ई.पू.), यूनान का दार्शनिक
2. पी.बी. शेली (1792-1822), अंग्रेजी का रोमांटिक (स्वच्छंदतावादी) कवि

आइए, मृत्यु को उसके सारे आयामों में देखें-परखें!
गिद्ध से लेकर शहद की मक्खी तक
पीछा करके शिकार किये गये हिरन से लेकर
        तालाब में डूब कर मरे बच्चे तक
'मृत्यु, मृत्यु' (उनकी अपनी मौतें) चीख़ने वाले कवियों-दार्शनिकों से
    लेकर उन लोगों तक, जो बिना यह जाने-समझे कि उनके साथ
    क्या हो रहा, क्या होने जा रहा और क्या होगा, मृत्यु के आखेट
    बनते हैं
और यह तक नहीं पूछते कि
क्या सचमुच यही मृत्यु है
क्या एक आदमी इसी तरह मरता है!

(1971)

एंजेला डेविस[1]

मैं यहाँ तुमसे यह कहने नहीं आया कि तुम ख़ूबसूरत हो
मुझे यक़ीन है तुम हो, कि तुम ख़ूबसूरत हो,
लेकिन इस वक़्त यह मुद्दा नहीं है
मुद्दा यह है कि वे तुम्हें मारना चाहते हैं
उन्हें तुम्हारे कपाल की ज़रूरत है
ग्राण्ड चीफ़ का तम्बू सजाने के लिए
जैक्सन[2] और लुमुम्बा[3] के कपालों की बग़ल में टाँगने के लिए,
और हमें, एंजेला, हमें
तुम्हारी मुस्कान की ज़रूरत है।

हम तुम्हारे लिए खड़ी की गई नफ़रत की दीवार की साफ़ हवादार दीवार से
व्यथा और वेदना की तुम्हारी छत की बादलों और परिंदों वाली एक छत से
और तुम्हें हवालात में क़ैद रखने वाले वार्डन की

---

1. **एंजेला डेविस** (1944) 1970 के दशक की शुरूआत के साथ अमेरिका में अश्वेत अमरीकियों के लोकतांत्रिक अधिकारों के लिए जुझारू संघर्ष छेड़ने वाली दुर्धर्ष युवती के रूप में दुनिया-भर में जानी गई। वह लॉस एंजिल्स की यूनिवर्सिटी आफ कैलिफोर्निया में दर्शनशास्त्र की प्रोफेसर थी। उसे वहाँ से निष्कासित किया गया और कुछ आतंकवादी गतिविधियों में संलिप्तता के झूठे आरोप गढ़ कर जेल में डाल दिया गया। एंजेला ने जेल में भी अपना संघर्ष जारी रखा। दुनिया भर से उसे भावनात्मक समर्थन मिला और अंत में वह कामयाब हुई। जेल से रिहाई के कुछ अरसे बाद कैलिफोर्निया यूनिवर्सिटी में पूर्व-पद पर उसकी बहाली भी हुई। आगे चलकर एंजेला ने अमेरिकी कम्युनिस्ट पार्टी के उम्मीदवार के रूप में उप राष्ट्रपति पद का चुनाव भी लड़ा।
2. **जैक्सन, जार्ज** (1941-71) ब्लेक पैंथर्स पार्टी के जुझारू युवा नेता थे। 21 अगस्त, 1971 को सान क्वेंटिन जेल में कानून प्रवर्तन अधिकारियों द्वारा उनकी हत्या कर दी गई।
3. **लुमुम्बा, पैट्रिस** (1925-61) कांगो के राष्ट्रीय मुक्ति आंदोलन के संस्थापक थे। उन्होंने अपने देश को औपनिवेशिक दासता से मुक्ति दिलाई और 1960 में लोकतांत्रिक कांगो रिपब्लिक के प्रधानमन्त्री बने। पश्चिमी साम्राज्यवादी शक्तियों के षड्यंत्र से उनका तख़्तापलट हुआ और जेल में संदिग्ध परिस्थितियों में उनकी हत्या कर दी गई।

एक खड्गधारी महादूत से अदलाबदली करने जा रहे हैं।

किस तरह खुद को धोखा देते हैं तुम्हारे जल्लाद!
तुम सूर्य-सदृश आभावान बीहड़ उपादान और
अकलुषणीय अंतर्प्रेरणा से निर्मित,
धूप, बारिश और तूफ़ानों में अडिग रहने वाली!
तुम्हारा रिश्ता सपनों की उस क़िस्म से है, जहाँ वक़्त ने
हरदम अपनी मूर्तियाँ गढ़ी और अपने गान रचे हैं।

एंजेला, मैं किसी किशोर की तरह
इश्क़-मोहब्बत की गुफ़्तगू के इरादे से तुम्हारे सामने नहीं आया
न किसी लम्पट की तरह तुम्हें हासिल करने।
वो सब फालतू बकवास नहीं।

मुझे दरअसल यह कहना है कि तुम इतनी कड़ियल और लोचदार हो
कि उन लोगों की गर्दन तक छलाँग भर सको (मरोड़ते हुए), जिन्हें
तुम्हारी दरकार रही, अब भी है और हरदम रहेगी
और जो तुम्हें ज़िन्दा जलते हुए देखना चाहते हैं, एक जलते हुए
खम्भे से बँधा हुआ, पत्तियों से रहित बलूत के एक सूखे
दरख़्त से बँधा हुआ, एक ऐसे जलते हुए क्रूस से बँधा
हुआ जिसकी लपटें दक्षिण की ओर लपक रही हों।

तुम्हारा दुश्मन अनाड़ी और भोंडा है
वह तुम्हारी आवाज़ को अपनी आवाज़ में डुबो देना चाहता है
लेकिन हम सभी जानते हैं
कि तुम्हारी आवाज़ अकेली आवाज़ है जो गूँजती है
अकेली आवाज़ जो रात में किसी प्रज्वलित स्तम्भ की भाँति
लहक लहक जलती है
एक अटल कौंध
आसमान छूती हुई आग
रह-रह कर कौंध उठती तड़ित विद्युत

जिसकी रोशनी में चमकते नाखुनों वाले अश्वेत
उत्पीड़ित और क्रुद्ध लोग साफ़-साफ़ दिखाई देते हैं

लड़कर हासिल किये गये इस सपने में
नागरिक सेना के जवानों की बग़ल में जहाँ हम रहते हैं
इस भयंकर किन्तु दोस्ताना सागर के कटेफटे-ऊबड़खाबड़ तट से
चट्टानों पर टूटती-बिखरती क्रुद्ध लहरों को निहारते हुए मैं चीखता हूँ
और अपनी आवाज़ को इतना ऊँचा उठाता हूँ
कि वह वहाँ से गुज़रती महावायु के कन्धों पर सफ़र कर सके–
उस वायु के कन्धों पर, जो मेरी है, हमारे पिता कैरीबियाई की है।
मैं तुम्हारा नाम पुकारता हूँ एंजेला,
ज़ोर-ज़ोर चीख़ते हुए अपने शब्दों को आपस में जोड़ता हूँ
अनुनय, अनुरोध या प्रार्थना के रूप में नहीं; कि
तुम्हारे जेलर तुम्हें क्षमादान दे दें
बल्कि ज़िन्दाबाद के अंदाज़ में–
हाथ में हाथ, कड़े और कड़ियल, सचमुच कड़ियल
हाथ में हाथ,
ताकि उन्हें पता चले तुम हमारी हो
सचमुच हमारी!

(1971)

'दि डेली डेली' (1972) से

अन्त

फिर यह इस प्रकार घटित हुआ :
अपने उत्तुंग उदासीन मस्तक पर
तुर्किनो[1] ने एक नयी ज्वाला अनुभव की;
ख़ून एक नये दिवस के द्वार पर दस्तक देने
उमड़ती-उत्साहित तरंगों में आया

फिर यह इस प्रकार घटित हुआ :
सेस्पेदेस[2] की मुस्कान प्रकट हुई
फरहरा फहराया—
देखा गया उसे ऊँचे और अकेले फहरते

यह सब इस तरह घटित हुआ, इस रूप में!

(1968)

---

1. क्यूबा का सर्वोच्च पर्वत शिखर
2. कार्लोस मानुएल दे सेस्पेदेस (1819-74) : उत्तरी क्यूबा के बयामो क़स्बे में जन्म। हवाना विश्वविद्यालय व स्पेन में शिक्षा और फिर वकालत के पेशे में। 10 अक्टूबर 1868 को अपने चीनी मिल से उसने क्यूबा की स्वाधीनता का ऐतिहासिक घोषणापत्र 'क्राई ऑफ यारा' जारी किया। अपने अधीन काम करने वाले सभी गुलामों को उसने मुक्त कर दिया, जो बाद में उसकी विद्रोही सेना में शामिल हुए। 1874 के स्वाधीनता संग्राम में लड़ते हुए वह शहीद हुआ।

‘अंतीय्यन सागर के साथ तिरती काग़ज़ की एक नाव’ (1977) से

फीदेल*

फीदेल,
धारण किये हुए क्यूबा का नाम
सदा-सर्वदा के लिए
अपने भरोसेमंद सीने पर

फीदेल,
वह शख़्स
जिसने मिट्टी को
मेंहदी और जयपत्र की गरिमा दी

फीदेल,
वह शख़्स
जिसने एक नया स्वदेश निर्मित किया
नफ़रत, कटुता और दरिंदगी से
सर्वथा मुक्त

फीदेल

(1977)

* फीदेल रुस कास्त्रो (1926) : युगांतरकारी क्यूबाई क्रान्ति के जनक।

'रविवारी सूर्य' (1982) से

गन्ना काटने वाले

अंकित हैं वे मेरी बालस्मृति में,
भद्दे-बेडौल हँसुओं की परछाइयाँ
धूप और हवा से पथराई चमड़ी
प्रतिशोधी-उदासीन दृष्टि

वे थे गन्ना काटने वाले!

खातिमोनिको, खारोनू, स्टिवर्ट, वर्तिएंतेस,
लुगारेओं या चपर्रा आदि चीनी मिलें
मेनोकल* के साथ सीटियाँ बजातीं
चाबुक सटकारतीं।

अंकित हैं मेरी बालस्मृति में
गन्ना काटने वाले।

(1982)

■■

---

* मारियो गार्सिया-मेनोकल (1866-1941) : क्यूबा के सर्वहारा वर्ग के उत्पीड़न एवं शोषण का प्रतीक। चुनाव हारने के बावजूद, अमरीकी राष्ट्रपति वुडरो विल्सन के समर्थन से वह आठ साल (1913 से 1921) क्यूबा का राष्ट्रपति रहा। उसकी छवि अमरीका के कठपुतली तानाशाह की थी।